Inhalt

Schönheit kommt von außen - Kosmetikbranche ködert Männer mit Pflegeprodukten

Kernthesen

Beitrag

Fallbeispiele

Weiterführende Literatur

Impressum

Schönheit kommt von außen - Kosmetikbranche ködert Männer mit Pflegeprodukten

H.Reil

Kernthesen

- Der Umsatz für Männerpflegeprodukte stieg zwischen September 2009 und Oktober 2010 von 812 Millionen auf 842 Millionen Euro. Gefragt sind vor allem neue Männerdeos. Sie bescherten den Herstellern ein Umsatzplus von 8,5 Prozent.
- Convenience steht bei Pflegeprodukten im Vordergrund. Männer setzen besonders auf

Funktionalität.
- Auch bei den Konsumgütern des täglichen Bedarfs und im Handel werden für das Männersegment noch große Chancen gesehen.

Beitrag

Die Zeiten, in denen der Mann noch als solcher galt, wenn sein Geruch die Nähe zur Natur verriet, sind schon lange vorbei. Weder verschwitzte Hemden noch wettergegerbte Gesichter sind noch in Mode. Der Mann von heute hat eine Haut wie Claudia Schiffer in ihren besten Jahren - und das im Idealfall noch mit vierzig. Duftwässerchen, Körperlotionen, Deos im Zerstäuber oder als Roll-On, Shampoos, Spülungen für seidiges Haar und Tönungen für die ersten grauen Strähnen liegen im Trend. Die Kosmetikindustrie hat den Mann entdeckt. Und dieser - bekanntermaßen schon in biblischen Zeiten ein leichtes Opfer, wenn er verlockt, umgarnt und versucht wird - lässt sich spielerisch leicht um den Finger wickeln. Die Kosmetikbranche frohlockt und freut sich über volle Kassen, auch wenn der harte Konkurrenzkampf die Anbieter zwingt, ihre Produkte manchmal sogar zu Schleuderpreisen an den Mann zu bringen. (1)

Kosmetikindustrie wirbt für ihre Männerlinien mit Sportikonen wie Ballack und Co.

Dass die Kosmetikindustrie auf die Männerwelt setzt, ist am besten aus dem Aufwand abzulesen, den sie für die Bewerbung ihrer Pflegeelixiere betreibt. Einer Untersuchung des Marktforschungsinstituts Nielsen Media Research zufolge investierten die Experten für Männerschönheit bereits bis zum August 2010 rund 139 Millionen Euro in die Vermarktung ihrer Produkte, beinahe ebensoviel wie im gesamten Jahr zuvor. Knapp die Hälfte dieser Summe wendeten die Platzhirsche - Unilever, Beiersdorf, LOréal Paris und Henkel - für die Bewerbung ihre Männerlinien auf. Der Erfolg gibt der Branche recht. Zwischen September 2009 und August 2010 verbuchte sie im Vergleich zum Vorjahreszeitraum einen Umsatzanstieg von 812 auf 842 Millionen Euro. Dieser Trend wird zweifellos anhalten. Denn Männer mit einem ausgeprägten Sinn für die eigene Schönheit haben die Scheu schon längst verloren, als verweichlicht oder als feminin zu gelten. Dazu trägt sicherlich auch bei, dass Ikonen aus der harten Welt des Männersports ihre Bekanntheit in den Dienst für Pflegeprodukte stellen. Beispiele sind Michael Ballack, der für LOréal Paris aufläuft, oder Joachim Löw, sein Chef in der Nationalmannschaft, der für

Beiersdorf um Popularitätspunkte kämpft. (1)

Um die Zielgruppe mit den Schönheitsprodukten vertraut zu machen, setzen die Unternehmen auf unterschiedliche Marketingstrategien. Promi-Marketing ist in der Kosmetiksparte eines der Erfolgsmodelle. Einige Anbieter achten aber auch besonders auf die Integration des "Point of Sale" in ihre Kampagnen, indem sie beispielsweise mit aufeinander abgestimmten Touchpoints und Texten arbeiten (z.B. Beiersdorf bei Nivea for Men). Im Trend für die Vermarktung von Männerprodukten im Internet sind Onlinespiele (z.B. Dove Men + Jump). (9)

Technologisch anspruchsvolle und funktionelle Produkte bei Männern gefragt

Es sind vor allem neue, technologisch anspruchsvolle Produkte, die den Absatz von Männerprodukten nach oben kurbeln. Besonders erwähnenswert sind in diesem Zusammenhang die Deos. Sie bescherten ihren Produzenten ein Umsatzplus von immerhin 8,5 Prozent. Neben den Herstellern profitierten besonders die mit ihnen kooperierenden Discounter von dem Neudeoboom. Sie freuten sich über eine Umsatzsteigerung von 13,1 Prozent. Aber auch die Verbrauchermärkte mit einem Anstieg von 11,2

Prozent und die Drogeriemärkte mit einem Zuwachs von 6,8 Prozent konnten zufrieden sein. (2)

Erfolgreich sind bei Männern vor allem Produkte, die schnell, einfach und wirkungsvoll zugleich sind. Viele Kosmetikhersteller bieten daher gezielt für Männer All-in-One-Produkte an. Untersuchungen haben gezeigt, dass Männer bei der Produktwahl vor allem eine hohe Funktionalität erwarten. Dies gilt auch für Körperpflegeprodukte. Ein Paradebeispiel für eine Produktlinie, die diesen Anspruch erfüllt, sind die mit Silberionen versetzten Mittel der Nivea-for-Men-Serie. Die Beiersdorf AG setzte sie 2009 zum ersten Mal für ihr Männerdeo ein, da sich Silberionen durch ihre antibakterielle und geruchshemmende Wirkung auszeichnen. Auch die Nivea For Men Silver Protect Deo-Dusche entfaltet seine Kraft dank dieser hocheffizienten Bakterienkiller. Das Duschgel gewann unter anderem deshalb im Jahr 2010 in der Kategorie Bad- und Duschpflege die Auszeichnung Produkt des Jahres. (3), (9)

Männernischen noch lange nicht besetzt

Das Segment Männerpflege gilt noch lange nicht als ausgeschöpft. Inwieweit sich Männer beispielsweise für dekorative Kosmetik begeistern lassen, ist noch völlig offen. Laut der Nielsen-Männerkosmetik-Studie 2010 ist der Markt der Männerkosmetik derzeit noch schwach umkämpft, weist aber hohes Umsatzpotenzial auf. Die Zahl der Wettbewerber wächst außerdem kontinuierlich. Diese Tendenz zeigt sich nicht nur bei Kosmetika. Vor allem was Konsumgüter des täglichen Bedarfs und den Handel betrifft, werden für das Männersegment noch große Chancen gesehen. Noch sprechen die Marketingkampagnen vor allem Frauen an; das aber wird sich ändern. Denn inzwischen ist es auch für viele Männer selbstverständlich, den Einkauf zu übernehmen. Dabei gilt es für die Zielgruppe Mann, die Maßnahmen noch stärker crossmedial zu verzahnen. In vielen Marketingabteilungen wird daher auch intensiv an der Umsetzung von speziellen Männerkampagnen gearbeitet, um die Männer überall - in Printprodukten, im Internet und mobil - anzusprechen. (8), (9)

Trends

Die Fahndung nach neuen Rollenbildern läuft

Einer Studie zufolge, die Unilever zum Start der

Männerprodukte seines Kosmetiklabels Dove in Auftrag gegeben hat, fehlt es vor allem an neuen Rollenbildern für Männer-Werbekampagnen. Es hapert demnach nicht nur am Identifikationspotenzial; rund 73 Prozent der weltweit befragten Männer fanden auch, dass Männer ihres Alters oft stereotyp dargestellt würden. Mehr als fünfzig Prozent empfanden die unrealistisch gut aussehenden und athletischen Werbedarsteller gar als störend. Vor dem Hintergrund, dass mittlerweile bei fast jeder Produktkategorie Potenzial für eine eigene Männernische gesehen wird (in Japan wird sogar schon Männer-Tofu vermarktet), ist die aktuelle Orientierungslosigkeit der Zielgruppe "Männer" eine zentrale Herausforderung für Marketingverantwortliche: Sie müssen neue Rollenbilder definieren. [8]

Fallbeispiele

Nivea hat nicht nur in Deutschland einen guten Namen, sondern ist auch im Ausland bestens präsent. In Dubai hat die Marke sogar einen Bekanntheitsgrad von 100 Prozent. In dem arabischen Land hat die Beiersdorf AG ein sogenanntes Nivea-Haus errichtet, in dem sich Frauen und Männer mit Wellness-Anwendungen und hauseigenen Pflegemittelchen verwöhnen lassen können. Der

Anteil der männlichen Besucher beträgt immerhin 30 Prozent - Tendenz steigend. (6)

Der französische Konsumgüterkonzern LOréal setzt konsequent auf die Eitelkeit des Mannes: Das Unternehmen hat 2010 für den Vertreter des starken Geschlechts gleich vier unterschiedliche Deos auf den Markt gebracht. Zur Reihe der neuen Pflegemittel zählen außerdem das Hydra Energy Aftershave sowie Intensiv-Masken und ein Hitzestyling-Spray. Für die beiden letzten Produkte leiht der französische Starfriseur Franck Provost sein Gesicht und seinen guten Namen. (7)

Das Hamburger Unternehmen Unilever wird im Frühjahr 2011 seine neue Männermarke Dove men + care mit einer der größten Werbekampagnen seiner Geschichte multimedial bewerben. Die Deo- und Duschgelserie soll mit TV-Spots, im Internet, mit Printanzeigen, Plakaten und Point-of-Sale-Aktionen ins rechte Licht gerückt werden. (1)

Florena hat im Oktober 2010 eine Kommunikationsoffensive mit dem neuen Claim "Natur hautnah erleben" gestartet. Der traditionsreiche Kosmetikhersteller aus Sachsen will mit dieser Kampagne unter anderem sein Image als Anbieter von Bioprodukten auffrischen. Unabhängig davon, ob dem Unternehmen dies gelingt oder nicht - im Jahr 2011 wird Florena auf jeden Fall auch seine Männerlinie intensiv bewerben. (5)

Zwar kaufen mittlerweile immer mehr Männer ihre Körperpflegeprodukte selbst; in vielen Haushalten entscheiden aber nach wie vor die Frauen, mit welchen Mitteln sich der Mann des Hauses verschönert. Drogeriemärkte wie dm platzieren daher zum Beispiel Gesichtspflegemittel für das starke Geschlecht immer noch bevorzugt in Sichtweite der entsprechenden Frauenprodukte. (4)

Weiterführende Literatur

(1) Männer gepflegt umworben
aus Lebensmittel Zeitung 47 vom 26.11.2010 Seite 030

(2) Neues pflegt die Umsätze
aus Lebensmittel Zeitung 47 vom 26.11.2010 Seite 032

(3) Funktionalität punktet
aus Lebensmittel Praxis Heft 23/2010, Seite 19

(4) "Gut angenommen"
aus Lebensmittel Zeitung 47 vom 26.11.2010 Seite 031

(5) Florena pflegt sich mit viel Natur
aus HORIZONT 39 vom 30.09.2010 Seite 004

(6) Von Neuendettelsau bis Dubai
aus Lebensmittel Zeitung 43 vom 29.10.2010 Seite 075

(7) Deos und Franck Provost punkten
aus "Regal" Nr. 09/10 vom 01.10.2010 Seite: 186

(8) Mehr Clowns als Helden
aus HORIZONT 23 vom 10.06.2010 Seite 027

(9) Der Mann wird Pflegefall
aus HORIZONT 23 vom 10.06.2010 Seite 028

Impressum

Schönheit kommt von außen - Kosmetikbranche ködert Männer mit Pflegeprodukten

Bibliografische Information der deutschen Nationalbibliothek

Die Deutsche Nationalbibliothek verzeichnet diese Publikation in der deutschen Nationalbibliografie; detaillierte bibliografische Daten sind im Internet über http://dnb.d-nb.de abrufbar.

ISBN: 978-3-7379-0782-8

© 2015 GBI-Genios Deutsche Wirtschaftsdatenbank GmbH, Freischützstraße 96, 81927 München, www.genios.de

Alle Rechte vorbehalten. Dieses Werk ist einschließlich aller seiner Teile – z.B. Texte, Tabellen und Grafiken - urheberrechtlich geschützt. Jede Verwertung außerhalb der Grenzen des Urheberrechtsgesetzes bedarf der vorherigen Zustimmung des Verlags. Dies gilt insbesondere auch für auszugsweise Nachdrucke, fotomechanische

Vervielfältigungen (Fotokopie/Mikroskopie), Übersetzungen, Auswertungen durch Datenbanken oder ähnliche Einrichtungen und die Einspeicherung und Verarbeitung in elektronischen Systemen.